聆听汉字之美

花草字传

Tales of the Words
for Flowers
and Grasses

硕果累累

Abundant Harvest

张一清 著

梁 艳 读

山东友谊出版社

瓜

果

实

谷

粟

桃

李

某

稷

秀

穗

梨

荔枝

樱桃

前言

我写这套书源于一个既偶然却又必然的机会。

央视新闻主播梁艳和我是参加《中国汉字听写大会》时的同事，她在现场是考官，我是嘉宾，就这样，我们逐渐熟识了。后来我们经常聊一些与汉字和文化有关的话题，我们的漫谈看似海阔天空，实则形散而神不散。我凭着一点还不算驽钝但也谈不上敏锐的领悟力，慢慢意识到应当把对汉字的感受与更多的朋友分享。

恰在此时，又有新老媒体都做得颇有心得的龙朝朝女士、浸淫美术和出版多年的姜海涛女士也加入了我们的漫谈。大家由于志趣相投，倒也省却了许多客套的环节。漫无边际之中，我们的谈话渐渐聚焦于几个问题：

第一，我们每天都离不开的汉字是怎么发展到今天的。

第二，表示我们身边大小事物的汉字跟这些事物本身有什么联系。

第三，我们应该如何把汉字中的内涵和中华文化意蕴告诉我们的后代。

说实话，每一个话题都不小，想要真正说清楚又谈何容易。好在我们几位都是比较务实的人，而且对我在汉字方面有几斤几两也都心中有数。因此，我们打算就从最常见的事和最常用的字入手，力争用文字、声音和图画联合呈现的方式，尽量传递汉字与中华文明的意韵与优美。

看一看我们身边的大千世界，花草树木无处不在，可是除了植物学家，我辈凡夫俗子对它们中的绝大多数大概是叫不出“姓名”的；而且就算对那些能知道名姓的“赤橙黄绿”，我们也不一定能真正了解这些称呼的来源和寓意。

对于自然界的万千植物，传统文化从多种角度都有过一些表述，如“人非草木，孰能无情”“落红不是无情物”等等。

以上两种看似矛盾的习惯用语和诗句，其实它们各自都有自身的针对性：前者强调人是“性情中人”，理应有情有义，其中也包括对自然万物的情与义；后者则彰显草芥也是有感觉、有情怀的生命体，同样需要人类的关注与尊重。

中华文明上下几千年，从古至今一向不缺乏寄情自然的人与事："东篱采菊"的陶令，"梅妻鹤子"的林逋，守着十棵参差不齐古松怡然自得的白居易，还有宁可食无肉也要居有竹的苏东坡……无数先贤用他们体察、关爱自然的胸怀，在"菊、梅、松、竹" 等汉字中镌刻真情与大爱，并给后人留下玩味和感动的空间与源泉。

另一方面，大自然的寻常之物若与人类相比，看似"心智"不全，实则"心地"善良。例如描摹谷穗下垂状态惟妙惟肖的"禾"字，原来是农作物扬花吐穗之后不忘根本，俯首向滋养、支撑自己的根部致意；而《诗经》中"常棣之华，鄂不韡韡。凡今之人，莫如兄弟"，则又给"萼（鄂）、不（跗、柎）"等字注入了浓浓的兄弟之情……看起来，大千世界处处有情，汉字之中韵味无穷。

本着上面这点粗浅认识，我们几个人讨论并形成了首先写一写汉字中的花草树木这样的思路。

承蒙山东友谊出版社的抬爱，他们拟议并通过了这个出版选题，而且协调精兵强将筹划实施出书事宜。在他们的大力支持下，这套小书最终得以问世。在此特别感谢为本书付出辛勤劳动的出版社编辑以及工作人员。

我们还要向《中国汉字听写大会》的总导演关正文表示敬意与谢意，敬重他坚持不懈推动汉字和中华文化的普及与传承，感谢他客观上为这套书的萌生提供了必要的机缘。

对于本套书引用到的大量古今经典，我们更是对创造它们的巨人、大师感念于心并满怀敬意。感谢他们用挺直的脊梁支撑起灿烂悠久的中华文明！感谢他们用坚实的肩膀支持着一代又一代人不断进步与创新！

我还要感谢我的太太胡明女士和女儿张牧笛小姐，因为她们是书稿的第一审阅者，她们向我提出了许多富有建设性的意见与建议，书稿中也凝结着她们的心血。

最后，我们也必须向本书读者表示由衷的感谢。因为你们的关注将是我们继续探究汉字与中华文化的不竭动力，特别是你们的批评与指正也必将使我们不断增长知识，并且和你们一道更好地传承我们中华民族绵延数千年的优秀文化。

张一清

2016 年 7 月

目录

扫描收听有声版

瓜

guā

瓜

小篆

隶书

楷书

行书

“瓜”这个字的金文字形是，非常形象地描画了藤蔓①之中结着一个椭圆形果实的形状。它最初指的就是葫芦科一类蔓生草本植物，也指这类植物的果实。

“瓜”有很多种类，既有属于蔬菜的“瓜”，也有属于水果的“瓜”。它的果实一般都可以食用，例如《诗经·豳风·七月》：“七月食瓜，八月断壶②。”

在《诗经》里面，还有一首大家熟知的《木瓜》，其中有两句：“投我以木瓜，报之以琼琚③。”这首诗很有意思：

第一，诗中提到的“木瓜”是我国土生土长的一种植物，而不是现在市场上销售的原产南美洲、可以制作“木瓜炖燕窝”的那种热带水果“番木瓜”。

① 这是个多音字，读mán的时候，用于“蔓菁”，表示一种草本植物及其球形果实；读màn的时候，意思与读wàn时相同，多用于“蔓草、蔓生、蔓延”等词语；读wàn的时候，表示植物细长不能直立的茎。在这里是最后一种读音与意思。

② “断壶”的意思是“摘葫芦”。

③ 这个字读jū，“琼琚”指的是古人佩戴的一种玉饰。

草虫瓜实图
宋
佚名

因此，要注意不可以张冠李戴。

第二，关于这首诗的主旨，历来意见不一，有说是臣子咏唱给君王的，表示自己要尽最大所能效力于君主；也有说是男女之间表达爱意的，意味着爱情不在于礼物的对等与轻重。

紫砂瓜形壶
明

第三，这首诗的诗句中夹带了虚词衬托，用形式更加灵活的长短句，给以四言为主流的《诗经》增添了几许活泼的气息。

第四，这首诗比《诗经·大雅·抑》的流传程度高，但是从中形成的“投木报琚”一说，虽然也有个别用例，可是与源自后者的“投桃报李”相比，其知晓度和使用频率简直不可同日而语。

男女之间表露心迹的话语，原本属于相爱的人情到浓时最动人的言辞；但是不可否认的是，的确也存在着逢场作戏、苍白无根基的无病呻吟。因此，鲁迅先生才用诙谐的笔墨，模仿东汉张衡

花鸟八开之甜瓜悬苦藤
清
恽寿平

瓜

《四愁诗》写就一首打油诗《我的失恋》："爱人赠我金表索，回她什么：发汗药"，充盈于诗句的谐趣令人捧腹。

按照我国古代传统，"男女授受不亲"，因此源于古乐府《君子行》"君子防未然，不处嫌疑间。瓜田不纳履，李下不正冠"的"瓜田李下"，就成为君子为人处世，特别是男女交往时恪守的一种信条。

瓜非己种，自然不可由于三尺垂涎而妄起据为己有之心。而类似看瓜、护瓜的职责，古代还存在着"瓜代"一说。这里的"瓜代"与粮食不充裕时的"瓜菜代"完全不是同一个概念，它实际指的是"驻守边疆的换防"。例如《左传·庄公八年》："齐侯使连称、管至父④戍葵丘，瓜时而往。曰：'及瓜而代。'"这句话的意思是齐襄公命令大臣连称和管至父负责葵丘地区的防务，并称今年瓜熟时上任，到明年瓜熟时再与继任交接。

粉彩葫芦纹碗
清

④ 这个字在这里读 fǔ，意思和"台甫"的"甫"相同，是古代加在男子名或字后面的一种美称。例如王安石《游褒禅山记》："余弟安国平父。"

再行一步

据史料记载，齐襄公与大臣之间这桩“瓜代”公案还有下文。

第二年，由于齐襄公根本无意另行派人接替驻防葵丘的连称和管至父，因此导致二人率兵谋反。最终这二人辅助齐襄公的堂弟公孙无知杀死齐襄公，并立公孙无知为新的齐国君主。

君臣猜忌而反目成仇的戏码自古不乏先例。皇权当前，就算在皇家内部，有时至亲之间的亲情都要让位于皇权争夺。

大唐盛世的时候，唐高宗李治和皇后武则天的次子李贤就曾作五言古诗《黄台瓜辞》。该诗云:“种瓜黄台下，瓜熟子离离。一摘使瓜好，再摘使瓜稀。三摘犹自可，摘绝抱蔓归。”

章怀太子李贤的这首诗通俗易懂，寓意明了。全诗以摘瓜过程喻示骨肉相残，暗示武则天不人道，讽刺意味很强。

《全唐诗》在这首诗题下注曰：“初，武后杀太子弘，立贤为太子。后贤疑隙浸开，不能保全，无由敢言，乃作是辞，命乐工歌之，冀后闻而感悟。”可见，李贤亲历第一任太子李忠被废，其兄长第二任太子李弘又离奇死亡的过程，眼看自己在母亲面前

花卉册 葫芦
清
赵之谦

也日渐失宠，所以就想用这种方式向母后表露心迹。最终结果却是事与愿违，李贤终被废为庶人，并在三十几岁时就郁郁而终。

相比之下，春秋时期郑庄公与其母武姜以及弟弟共叔段之间也有一段争权夺位的恩恩怨怨，但最终郑庄公母子之间的结局倒还算圆满。郑庄公杀掉觊觎王位的共叔段之后，由于痛恨母亲私下以阴谋手段助弟弟图谋王位，因此发了毒誓：“不及黄泉，无相见也。”

然而，事后郑庄公又后悔了，最终他接受聪明门客颍[5]考叔的妙计，深掘地道至泉眼，与母亲在隧道之内相见并互诉衷肠。庄公感慨：“大隧之中，其乐也融融！”而母亲则笑吟：“大隧之外，其乐也泄[6]泄！”母子之间，算是相对一笑泯了恩仇。

⑤ 这个字读 yǐng，是淮河一条支流的名字，发源于河南，在安徽汇入淮河。

⑥ 这个字在这里按照古音应该读 yì。“泄泄”表示快乐舒坦的样子。

扫描收听有声版

果

guǒ

果

“果”的甲骨文字形是，主干是“木”，表示树木，上面枝干上的几个小圆圈是指示性符号，表示结出来的果实，整个字最初意思就是树木结的果实。

《周礼·地官司徒第二·场人》中有“而树之果蓏①珍异之物”这样的话。后人对于“果”和“蓏”的分别，大致有“有核曰果，无核曰蓏”“在地曰蓏，在树曰果”等等说法。这其实就是对“瓜”“果”这两类果实的区分与界定。

但比较有趣的是，我们大家都熟知的向日葵这种植物，它的子房跟“瓜”这种类型的果实似乎怎么都不沾边儿，然而“瓜子”却是其籽实最通行的叫法。另外，无论是土生土长的“木瓜”，还

小篆

隶书

楷书

行书

① 这个字读luǒ，古书上指瓜类植物的果实。

果

果熟来禽图
南宋
林椿

瓜茄图页（局部）
元
钱选

是来自域外的“番木瓜”，它们也都是树木的馈赠；而草莓的别称“地果”，指的却是百分之百的多年生草本植物以及它的果实。

这种现象表明，语言文字作为一种交际工具，其中也会有个别看似不符合常理，但是却属于约定俗成的东西，就像“恢复疲劳”“打扫卫生”等等说法一样。

唐代柳宗元曾作《种树郭橐[2]驼传》，其中有一句话：“驼业种树，凡长安豪家富人为观游及卖果者，皆争迎取养。”说的是一位身体有些佝偻的郭姓种树人，种植果树技艺精湛。因此，长安城的富豪人家为了种植花木以供玩赏，还有那些以种植果树贩卖水果为生的人，都争着接他到家中供养。

这篇文章主要告诉我们：第一，不要以貌取人；第二，通过郭氏讲述种树

② 这个字读 tuó，指的是一种比较小的口袋。

葡萄草虫图
南宋
林椿

枇杷山鸟图
南宋
林椿

的要领与道理，说明“树木”与“树人”在本质上是相通的。

“果”作为许多植物生命的结晶，后来也逐渐发展出表示一切事物的结果的含义，例如南北朝时期萧子显编纂的《南齐书·高逸传》：“今树以前因，报以后果”；还有蔡东藩《唐史演义》：“谁知是因果相连，源流有自。”

另外，由于任何果实都是一种现实的、刚性的存在，所以“果”也就引申指内心的刚毅和坚决，如“果断”“果敢”“果决”等等。孔夫子就曾在《论语》中用“由也果”评价他的弟子子路（名仲由）。

再行一步

中国人多讲究因果报应，常常会把“善有善报，恶有恶报”挂在嘴边，既警醒自己，也劝勉他人。

然而，正像源自《晋书·羊祜[③]传》的那句话“不如意事常八九”所说的那样，有些时候，好的动机以及中规中矩的做法，也不一定就能带来理想的结果。特别是蒙冤的义士良臣、风光一生的无良之辈，大概是诠释“善恶报应”最无奈、也最具讽刺意味的注脚了。

像“兰因絮果”这种说法就非常精当地概括了因、果不相称或者不相符合的情况。例如清代龚自珍《丑奴儿令·鸾笺偷写伊名字》：“兰因絮果从头问，吟也凄迷，掏[④]也凄迷，梦向楼心镫[⑤]火归。”看起来龚自珍也是对一些事情的前因后果心存疑惑与不解，于是才念念有词地在灯下徘徊。

很显然，常常令人感到费解和困惑的事情，一定是人们自认为埋下的种子优良、施肥浇水也尽心尽力，但是最后的收成却不尽如人意。如果颠倒过来，那就成了“无心插柳柳成荫”了。

③ 这个字读 hù，意思是福气。羊祜是西晋开国元勋，著名的战略家、政治家和文学家。他曾说：“天下不如意，恒十居七八。”

④ 原文写作“掏”的异体字“搯”。“搯”的基本意思除了“掏出、抽出”等，还有“叩击胸口”。在这里就是后面这种意思，例如《国语·鲁语》：“无搯膺，无忧容。”

⑤ 这个字在这里不读 dèng，也不是“马镫”的“镫”的意思，而是读 dēng，表示“灯台、烛台”等。另外，这个字也表示古代食器“豆”下面起支撑作用的“足”。

桑果山鸟图
宋
佚名

而在后一种情况下，欣喜、惊喜等情绪一定会冲淡心里的疑惑。

因此，所谓“兰因絮果”，“因”是“芝兰”，而“果”如“飘絮”。因果之间落差太大，所以必然让人百思不得其解。

“兰因”一说源自《左传·宣公三年》：“初，郑文公有贱妾曰燕姞[6]，梦天使与己兰。”而且，这位“天使”自称是燕姞的祖上伯鲦[7]，还嘱咐燕姞要佩戴香兰，并且生下儿子之后也要为之取名为“兰”。后来，燕姞为郑文公诞下一男婴，果然就起名为“兰”。这个男孩就是后来的郑穆公。

这个传说使得“兰因”成为一切“美好前因”的代名词。然而，“兰因絮果”则显然预示着非常不妙的结局。只是到了后来，这种说法更多用于夫妻双方以离散收场的情形，表示婚姻并不美满。

⑥ 这个字读 jí，是一个姓氏。

⑦ 这个字读 tiáo，指的是一种淡水鱼。

扫描收听有声版

实

shí

實

小篆

隶书

楷书

行书

“实”以前写作“實”，上面的宝盖“宀”表示房屋，下面的“贯”表示财物。房屋里面财物充盈，显然就是“富裕、富有、充裕、充足”的意思了。例如《孟子·梁惠王下》：“而君之仓廪[1]实，府库充。”

由于具有“物”的含义，所以“实”随之又引申出“果实”的意思，例如《诗经·召南》中的名篇《摽[2]有梅》：“摽有梅，其实七兮。”再如明代李渔《闲情偶寄》中描写荷花的：“乃复蒂下生蓬，蓬中结实，亭亭独立。”这些作品中的“实”，指的就是草木繁花落尽之后，挂满枝头的累累硕果。

硕果既成，于是“实”也就产生了“现

① 这个字读 lǐn，最初指米仓，后来也指粮仓。

② 这是个多音字，读 biāo 的时候，表示“挥之使去；抛弃”等意思；读 biào 的时候，表示“落下、击打”等意思。这里是后一种读音与“落下”的意思。

莲池水禽图
五代南唐
顾德谦（传）

实、事实”等意义，因为草木的果实就是一种现实的客观存在。例如北宋苏洵《六国论》：“秦以攻取之外，小则获邑，大则得城。较秦之所得，与战胜而得者，其实百倍。”苏洵这篇文章的主旨是论说六国灭亡的根本原因在于自身的气馁与软弱，实际上并不完全取决于秦国的强大与攻伐。他提出的一个主要论据是，六个诸侯国由于各藏私心，都想讨好秦国保全自己，而把祸水引向他国。因此，一些诸侯国就通过割让土地的方式贿赂秦国，从而使秦国通过这种方式获得的土地“事实”上已经是它通过征伐所夺得的土地的上百倍。

榴枝黄鸟图
南宋
佚名

秦国的强大，显然已经到了“不战而屈人之兵”的程度。而在秦国崛起过程中，秦孝公时的名臣商鞅功不可没。商鞅是革新派的代表，他的重要论断有：“国待农战而安，主待农战而尊。”他

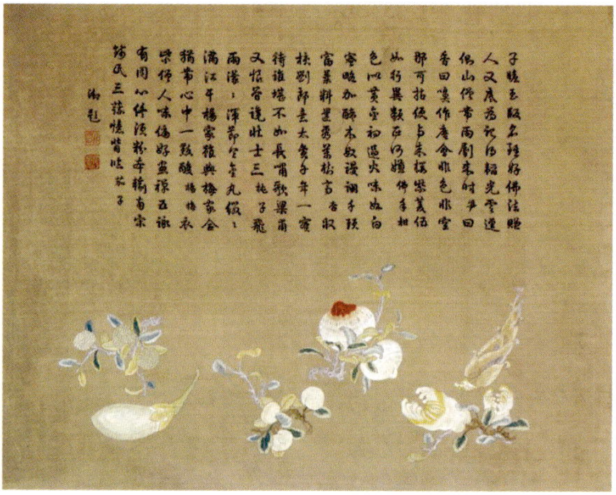

绸绣蔬果挂屏芯

清

實

粉彩象生果品高足盘

清

所主导的重视农业的一系列政策迅速增强了秦国的国力，使秦国的国库逐渐变得殷实起来，秦国因此才具备了伐灭六国的物质基础。

“殷实”指的是物质非常丰富，这种“实”是建立在看得见、摸得着的物质基础上的充实。我国古代著名医学著作《素问》也借用了“实”的这种理念，在论述人的身体、脏腑以及病症时指出：“有者为实，无者为虚”，“血气与邪并客于分腠[3]之间，其脉坚大，故曰实”。

《素问》这里所说的“实”，指的是人体内部的“血”与“气”。中医认为如果它们汇集、借居于某处，就会形成“实”；相反，如果某个地方“血”“气”亏空，则会导致“虚”。

③ 这个字读 còu，现在用于“腠理”，意思是人体皮肤等的纹理和皮下肌肉的空隙。

四神云气图
西汉

再行一步

“气”在中医里是一个非常重要的概念，大致指的是人体内部可以使器官发挥功能的动力，也指某种症候，比如“气虚”“湿气”等等。

对于这样一些说法，一般非中医人士想必都如听天书，觉得玄而又玄。而在日常生活中，其实还有一些更加玄妙的东西令我们困惑，比如“鬼神”。

有关神鬼，在将近两千年前的东汉，一位哲人王充在他的传世之作《论衡》中曾经写有《订鬼》一篇，他说：“觉见卧闻，俱用精神。畏惧存想，同一实也。”

这几句话的主要意思是，人在睡醒觉的清醒状态和在睡梦中所见到的东西，其实都与“精神”或“意识”有关；人由于害怕和想象而产生幻觉，这样的结果本质上完全相同。其中“实”的意思就是后来引申出来的“结果、效果”等。按照王充的理念和说法，所谓鬼神不过是“人思念存想之所致也”。

王充的观念与主张，显然是无神论的代表。在中国古代，按照鲁迅先生《中国小说史略》所言："中国本信巫，秦汉以来，神仙之说盛行，汉末又大畅巫风，而鬼道愈炽；会小乘[4]佛教亦入中土，渐见流传。凡此，皆张皇鬼神，称道灵异，故自晋讫隋，特多鬼神志怪之书。"可见王充无异于特立独行之人，他的言行颇有逆社会潮流而动的倾向。《订鬼》短短三百多字，俱以事实为基础，言之有据，鞭辟入里，这种实事求是的态度与方法也不能不令世人信服和敬佩。

而"实事求是"这种说法，恰好就源自班固的《汉书·景十三王传》，例如："河间献王德以孝景前二年立，修学好古，实事求是。"这句话称赞的是汉景帝刘启的次子，当时被封为河间献王的刘德。文中说他厚古、勤学，凡事均从实际出发，审慎探求事物的本质与规律。

其实如果再回到"神鬼"之说，假如人们对百年之后存有什么念想，这倒也未必是多么不好的事情，只是我们需要明白的是，那些"精神不死"的人，实际上都是为社会、为人类以及为推动历史进步做出了"实实在在"贡献的人。

④"小乘"是佛教的一种派别，是与"大乘"相对而言的。"小乘教"又称"上座部佛教"或"声闻佛教"等。

扫描收听有声版

稷

jì

稷

小篆

隶书

楷书

行书

“稷”左边的“禾”表示字的意思与农作物有关，右边的“畟①”表示字的读音，左右合在一起表示谷物类庄稼。例如《国语·晋语》：“黍稷无成。”

但是，对于“稷”具体指的是哪种农作物，历史上一直存在着若干种说法：一种说法是指有黏性的高粱，另一种说法是指黍子，还有一种说法是指谷子。

之所以出现好几种不同说法，其中一个原因是经典文献中与“稷”同时使用的其他农作物名称有差异，因此，“稷”在不同文献乃至文章里面的具体所指，大概就会让人产生不同的解读。

例如《诗经·唐风·鸨②羽》：“不能艺黍稷。父母何食？”还有《仪礼·聘礼》：

① 这个字读 cè。“畟畟”表示犁一类农具深耕快进的样子。

② 这个字读 bǎo，指的是一种能涉水的鸟，它的奔跑能力强过飞行能力。“鸨母、老鸨”指的则是旧时开设妓院的女性。

仙萼长春图之谷花稷穗图
清
郎世宁

稷

“黍、粱、稻皆二行，稷四行。”从这两处用例看，“黍”“稷”同时出现，那么，显然它们指的就不会是同一种农作物了。

然而在《管子·地员》中，整篇文章的内容都是论述什么样的土壤种什么样的庄稼，所以出现了很多农作物的名称，但是其中却并没有出现“黍”。言外之意就是“黍”“稷”很可能是同一种农作物的不同称呼。

由此看来，“稷”意思的多样性和不确定性，或许反映了它本身字义扩展和发展的某些情况。而对它最初意思的推断，《说文解字注》里面的表述应当是最清晰的，尤其是其中围绕“五谷之长”这种说法进行的论述很充分。

段玉裁通过若干文献用例，推论说“五谷之长”的“长”应当表示时序意义上的“居于前列”，因为按照北方庄稼下种的时间，高粱最早，所以“稷”

稷

画四瑞庆登图

清

蒋廷锡

最初指的应当是高粱。而明代方日升编纂的《韵会小补》中，对“粱”的考释也有“五谷之长”一说。因此，认为“稷”最初指的是高粱应当是比较适宜的。

由于“稷”在人们生活中的重要作用，所以中华民族的农耕始祖就被称为“后稷”。另外，“稷”还表示“谷神”，与表示土地神的“社”一起在古代成为极其重要的祭祀对象，例如《左传·僖公四年》：“君惠徼③福于敝邑之社稷，辱收寡君，寡君之愿也。”这句话是楚国大臣屈完对齐桓公说的，大致意思是说，大王您大驾光临敝国，祭祀敝国的土地神与谷神，这也是我们国君的荣幸和愿望。

而土地和五谷所代表的农业，这对于任何一个国家来说都是至关重要的。因此，“社稷”后来也就成了国家的象征。

③ 这是个多音字，读 jiāo 的时候，表示“抄袭”，这种意思只在古代文献中有用例；读 jiǎo 的时候，现在用于“侥幸”的另一种形式“徼幸”；读 jiào 的时候，主要在文言文里表示“巡查”等；读 yāo 的时候，与表示“求得”意思的“邀”相通。在这里表示“求得”的意思，但是这种意思在古代对应于哪种读音，目前不同工具书存在着不同意见。

再行一步

在我国古代，封建统治者想要国家安定、社会有序，其中一项比较重要的举措就是推行其试图让全体民众都崇奉的价值观和世界观。

在我国漫长的封建时代，就社会通行的价值观和世界观而言，儒家思想毫无疑问在大多数时候都占据了主导地位。然而，道家、佛教以及其他诸子百家思想，某些时候在某些地区也曾经有成为主流的历史，比如春秋战国时期，齐国就出现过“稷下学宫”。

稷下学宫，指的是齐桓公着手兴建的齐国的一所高等学府，由于其原址位于当时齐国国都临淄的一处城门“稷门”一带，所以就有了这种名称。另外它也被称作“稷下之学”等。

稷下学宫的主流思想无疑属于“黄老之学”。这种思想是以黄帝、老子等主张为根基的道家思想。

据称，由于齐国原本存在着几股比较有影响的势力，其中就有以吕尚为代表的“姜齐”和以田和为代表的“田齐”。“姜齐”一族源自姜姓始祖炎帝，是古代齐国的立国者。而“田齐”则源自姬姓始祖黄帝。因此，当田和取代姜姓齐康公吕贷成为齐国国君之后（次年卒，号太公），他的家族就试图为这种政权的更迭找到一些能够令人信服的依据。而历史上流传的黄帝曾经战胜炎帝一说，刚好让他们捞到了说服世人的充足理由，因此，信奉“黄老之道”也就成为田氏家族统治齐国的不二选择。

封建统治者之间这种企图掩人耳目的把戏，不过是出于他们塑造自己正统形象的需要罢了。但是，在当时的历史条件下，稷下学宫从客观上讲还是起到了推动历史进步的作用。比如在这处高等学府，百家争鸣式的学术氛围就很高涨，像“王道”与“霸道”、“礼义”与“利益”的争论，以及“人性善恶”“攻伐与寝兵”的讨论等，它们对后世的影响还是非常显著的。而且在这股精彩纷呈的争鸣大潮中，既不乏孟子、邹衍、荀子这样的巨人，也涌现出了田骈、宋钘④、尹文、慎到、鲁仲连等一批翘楚。

④ 这个字读 xíng，指的是古代一种长颈酒器。宋钘也称宋牼（kēng）、宋荣子等，他是战国时期著名哲学家、思想家，属于道家学派，主要思想有“禁攻寝兵”等。

扫描收听有声版

秀

xiù

“秀”这个字由于是东汉光武帝刘秀的名讳，在许慎编纂《说文解字》时显然属于不敢碰触的禁地，因此许慎只好说：“上①讳。汉光武帝名也。”只能等到五代十国时期，徐锴编著《说文解字系传》的时候，才在里面补充了“禾，实也。有实之象，下垂也”这样的内容。

按照徐锴的解释，“秀”字下面的“乃”应当表示谷穗下垂摇曳的样子，所以“秀”指的是谷物的穗和籽实。

在《说文解字注》里面，有关“乃”的解释虽然承袭《说文解字》，主要是从人的气息角度进行诠释，但是也认为

小篆

隶书

楷书

行书

① 在古汉语里面，“上”用作名词的时候往往指皇帝。例如《汉书·高帝纪》：“上曰：‘公知其一，未知其二。’”其中“上”指的就是汉高祖刘邦。

历代帝王图 光武帝像
唐
阎立本

云横秀岭图
元
高克恭

珐琅彩农耕图瓶
清

"乃"表示"引曳""轻拂以矫正"等意思，而且指出气息本身就具有弯曲而非直达等特点。这种见解与"乃"的甲骨文字形以及"秀"的石鼓文字形都比较贴合，接近"乃"所具有的"下垂而摇曳"的意味。

但是，后世对"秀"的解释，或多或少总是表现出一定的偏差或者说不全面。

第一，"秀"的字形虽然很清晰，就是"禾下垂"，然而绝大多数解释仅仅局限于"秀"后来发展出来的"花"这种意思，却鲜少谈到"穗"或"籽实"这样的含义。而实际上，"秀"既可以表示草木的"花"，例如汉武帝《秋风辞》中"兰有秀兮菊有芳"；也可以表示植物的"穗"和"籽实"，例如《管子·地员》中"白茎白秀"，以及《管子·五行》中"五谷蕃[2]实秀大"，等等。

第二，以《尔雅》为代表的秦汉文

② 这是个多音字，读 fān 的时候，表示外国或外族，与"番"相同；读 fán 的时候，表示"繁殖、茂盛"等，如"蕃息"；读 bō 的时候，用于"吐蕃"，指的是我国古代生活在今青藏高原的一个民族。在这里是第二种读音与意思。

丰盈和乐图
清
蒋淑

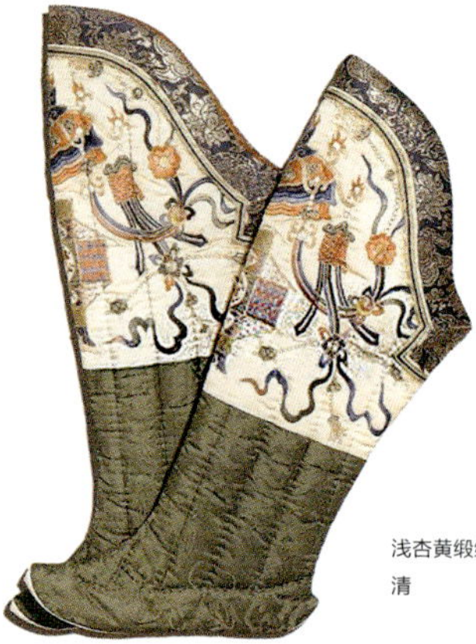

浅杏黄缎绣五谷丰登绵袜
清

字学、训诂学，以及当时的学者们，大都认为："禾谓之华，草谓之荣，不荣而实者谓之秀，荣而不实者谓之英"，也就是认为许多谷物并不经过扬花阶段，而是直接吐穗结实。然而《康熙字典》对此却有一段引征与论述，基本推翻和否定了这种认识，提到"黍、稷有华亦称秀也"，意思是农作物也存在着或许不易为人察觉的扬花期，而且这样的农作物吐穗结实也称作"秀"。

由此看来，"秀"的内涵应当是表里俱佳、秀外慧中，既有粲然的花期，也有金灿灿的籽实。

再行一步

承载着如此美好的寓意，难怪“秀”从诞生之日起就一直浸泡在众人钟爱的蜜罐中。想来想去，大抵除了“穷酸秀才”之外，还真想不出有什么跟它有关的消极含义。

而且，“秀”最令人感到神奇的地方是它那“淡妆浓抹总相宜”的特质与个性：T 台、剧院，她能妙曼生姿、阳春白雪；田间、小巷，她也能素面朝天、小曲喧笑。

例如清代陆以湉[3]《冷庐杂识·神缸》：“天台为仙境，为佛地，无怪钟灵毓秀，甲于他邑。”其中“钟灵毓秀”指的就是凝聚天地灵气，孕育世间俊秀，意味着山川秀美，物产丰饶，人杰地灵。

而从另一方面看，“秀英”“秀花”这样的名字在中国又像蒲公英一样地接地气，由于取这两个名字而重名的人，如果还没有达到百万量级，说它有数十万之巨也绝对不会是虚妄之言。

“秀”虽然具有如此朴实的一面，可是，如果出现“木秀于林”的情况，那么，卓然出众的“大个子”独自承受大风冲击与考验的局面或将不可避免。

③ 这个字读 tián，“澶湉”“湉湉”都表示水流平静的样子。

木秀于林，意味着一木独秀，其身量明显超出周围“芸芸众木”，所以就必须自己直面呼啸而来的气流。这里的“秀”就是由它最初表示“扬花抽穗”时所暗含的“长出来”的意思发展而来。

不论是开花之后结出硕果，还是在同类之中“高处不胜寒”，实际上都隐含着彰显的意味。现在比较流行的有一种来源于英文“show”的说法“秀”，大致意思是“表演、演出”以及略含贬义的“炫耀”。

自从这种说法产生之后，各种“秀”着实在我们的生活和工作中大大地“秀”了一把：每到季节交替时，T台上的“时装秀”肩摩毂④击；打开电视，充斥荧屏的“真人秀”又俨然成为黄金时段的霸主；小区街道、公交地铁上，也不乏“秀恩爱”的青年男女……

这种意义上的“秀”虽然来源于音译外来语词，但是，由于“秀”字原本就是“扬花吐穗”的意思，而“扬花吐穗”则明显具有“显示、彰显”等意味，因此，这样的翻译实在精妙。而译自英文“Talk Show”的“脱口秀”，更可以看作是翻译者扎实汉语功底的一场“秀”了。

④ 这个字读 gǔ，指的是车轮的中心部分，上面有可以插车轴的孔。

扫描收听有声版

穗

suì

穗

小篆

隶书

楷书

行书

“穗”左边的“禾”表示字的意思与农作物有关；右边的“惠”表示字的读音；左右合在一起指的是农作物生长出来的串状或短绳索状的花和籽实，后来也指一切类似这种形状的东西。例如《诗经·王风·黍离》：“彼黍离离，彼稷之穗。”另外还有古典小说《小五义》：“两颗珍珠，穿着鹅黄灯笼穗……”

古代有一种说法叫“麦穗两岐[1]”，意思是一株麦秆上长出两个麦穗，它的寓意是好年景和好收成。这种说法最早见于《后汉书·张堪传》：“桑无附枝，麦穗两岐。张君为政，乐不可支。”这几句话说的是东汉时大臣张堪被任命为渔阳太守之后，外御匈奴，内兴农桑，

① “岐”也作“歧”。“歧”的本义是赘生的脚趾，通“跂”。

雍正耕织图册　持穗
清
佚名

所以在任期间匈奴不敢轻易犯境，所辖地区粮食连年丰收，百姓安居乐业。因此，当地民众才创编了上面的歌诀。

张堪出身豪门，但是不幸成为孤儿之后，据说他16岁之前就将百万家财转让给堂侄，而自己则孤身一人去长安求学。后来进入仕途之后，他在不同任上均有卓越表现，因此很受光武帝刘秀的赏识。他的贡献还有无意中催生了“乐不可支”这个至今仍然长盛不衰的成语。另外，他的孙子乃是大名鼎鼎的古代天文巨子张衡，这或许是他对中华文明的又一个贡献。

与喻示丰收的“麦穗两岐”比较接近的，还有我国古代流传的“骑羊执穗”这样的传说。这个故事始见于《太平寰宇记·岭南道一·广州》引《续南越志》记载，大体意思是曾经有五位仙人携带六种谷物良种骑羊来到广州，给广州带来了五谷丰登的好运和希望。因此，后来“穗”和“五羊”就成为广

麦穗两岐图
清
龚贤

聚瑞图
清
郎世宁

州的简称和别称，“五羊”还成为这座南国都市的突出标志，例如郑熊《番[2]禺杂记》：“广州昔有五仙骑羊而至，遂名五羊。”

至于现在以广州为中心的广东的简称“粤[3]”，那是由于与“越”读音相同而出现的替代现象。在我国古代秦、汉前后，封建统治者一般把远离统治中心的东南边远地区统称为“百越”。因为“越”最初表示“度过、经过”，后来也表示“跨过、越过”，再往后又引申出“远”的含义。因此，“百越”可以理解为距离中央集权中心区域比较遥远的那些边远地区。

相对于绝大多数古代王朝国都所在地中原而言，广东属于“南越”，而且还是其中的重要代表。因此，当“越”被用作一些边远地区代称的时候，由于这个“越”已经用在了长江中下游的吴越地区，于是与这个“越”相通的“粤”就被用作了广东的代称。

② 这是个多音字，除了读 fān，表示“更替、轮流、次数、倍数”之外，表示姓氏、地名的时候，读作 pān。

③ 注意“粤”跟“奥”的现代字形，它们的上半部分有差异，不要弄混了。

五羊仙迹图
清
苏长春

再行一步

长三角和珠三角，这是我国最富庶的两个地区，而且也是神州大地春天最早光顾的地方。

春光明媚，杨柳依依，这是四季美景的开端，也是所有沉甸甸谷穗的肇始之时。然而，“烟穗”这种说法却和任何谷物都不相干。

“烟穗”指的是早春时节垂柳的枝条。因为每到大地回春，冰封冻土蓄积了一冬的水分便开始慢慢地润湿土壤、润湿空气，刚刚吐出嫩叶的柳枝便浸润在这氤氲的氛围中，远远望去，恰似一串串如烟似雾的绿穗在轻轻摇曳，就像唐代诗人李峤[4]笔下的《柳》：“杨柳郁氤氲，金堤总翠氛。”

而在大文豪苏东坡眼中，如烟翠柳大概尚需几点丹朱点缀，因此他才填出了红绿相间的《点绛唇》：“红杏飘香，柳含烟翠拖轻缕。”再看唐代诗人李商隐，此公则完全是借物寓情，明言杨柳，实咏别离，例如《杨柳枝》：“含烟惹雾每依依，万绪千条拂落晖。为报行人休尽折，半留相送半迎归。”当然，

④ 这是个多音字，读 jiào 的时候，表示“山道”，也特指我国湖南、福建、江西和两广交界处的五座山脉；读 qiáo 的时候，表示山体尖而高的样子，也指尖而高的山。

穗

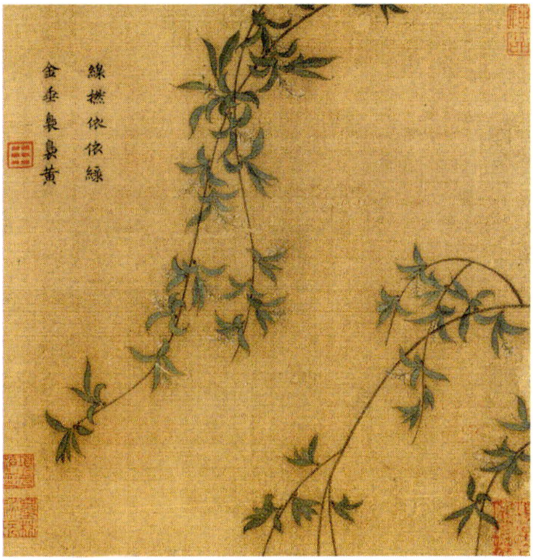

垂柳飞絮
南宋
佚名

把“烟穗”咏在诗词中，而且还极具文采的，一定非李后主莫属了，例如《柳枝》：“多谢长条似相识，强垂烟穗拂人头。”看上去这两句倒是少了几许“一江春水向东流”的无奈与哀婉。

另外，以上种种美妙春景还表明，与其说柳树枝条状如“烟穗”，毋宁说它宛若“雾穗”可能更贴切。因为雾近水，而烟却是“火”的伴。此外还有“烛穗”一说倒真的是与水毫无关联，例如宋代范成大《晚步宣华旧苑》：“归来更了程书债，目眚[5]昏花烛穗垂。”这里的“烛穗”指的就是灯芯燃烧之后像穗一般的灰烬。

⑤ 这个字读 shěng，意思是眼睛里长了遮挡视线的膜一类的东西。后来也指人的疾病和过失。例如：“不以一眚掩大德。”

扫描收听有声版

谷

gǔ

“谷”这个字有两个来源，一个是这种字形本身，另一个是以前表示粮食作物的那个“穀”字。

先看这种字形本身。它在甲骨文里写作，上半部分像是流水，下半部分的“口”表示出入口的意思，上下合在一起表示山谷。例如《说文解字》：“泉出通川为谷。从水半见[1]，出于口。”

按照许慎的解释，山谷之中多有泉水涌出形成的溪流，故此上半部分字形采用了原本表示河流之“水”的一部分，溪水流出谷口之后都将汇入江河。

百川归海，这原本是造化使然，然而善于观察入微、借物寓意的古人，对于海纳百川现象仍有独到见解，例如老

小篆

隶书

楷书

行书

① 这是个多音字，表示“显露在外，能让人看到”这种意思时，读 xiàn，意思与“现”相同。

瑞谷图
清
郎世宁

玉“益寿”谷纹璧
东汉

玉“长乐”谷纹璧
东汉

子《道德经》："江海所以能为百谷王者，以其善下之，故能为百谷王。"这句话的中心意思一言以蔽之：善于放低身段。

的确，任何想要成就大事之人，胸中自藏万千沟壑是十分必要的，但是，满腹经纶的人也必须有"虚怀若谷"的气度与诚意，要能够认真倾听、接纳正确的意见与建议，否则将很可能出现"皇帝新衣"的局面，难堪出丑甚至遭遇性命之忧也会成为自己必须付出的昂贵学费。

临阎立本唐太宗纳谏图
宋
徐仲和

相对复杂一些的另一个"穀"字，它由"殻[2]"在古代的另一种字形再加上"禾"字构成。"禾"在这里表示农作物；而"殻"则既表示字的读音，也和字的意思相关。因为这个"殻"字与"贝壳"的"壳"读音和意思都相通，所以就含有表示农作物籽实表面那层硬壳的意思。"殻"跟"禾"合在一起，指的就是谷类作物，后来也指一切粮食作物。例如

② 这个字实际上和"壳"的异体字"殼"几乎一样，也是"壳"在古代的一种字形，读音也有 ké 和 qiào 两种。按照《说文解字》，"壳"最初的字形应当是"㱿"。

禁苑种谷

清

焦秉贞

谷

《国语·鲁语》：“昔烈山氏之有天下也，其子曰柱，能殖百谷百蔬”；再如《论语》：“四体不勤，五谷不分”。

基于粮食对于人类的重要性，“谷”后来就产生了“善、美”的含义，例如《诗经·陈风·东门之枌[③]》：“谷旦于差[④]，南方之原。”按照朱熹的解读，这首诗是：“男女聚会歌舞，而赋其事以相乐也。”两句话的大致意思是，选了一个美好的早晨，我们一起来到南面的原野。

既然“谷”意味或象征着“美好”，那么，“不谷”显然就是“不美不好”了。例如《国语·楚语》：“恭王有疾，召大夫曰：‘不谷不德，失先君之业，覆楚国之师，不谷之罪也。’”这段话里面出现的“不谷”，的确有“不好”的寓意，然而在这里却是楚恭王的一种谦称，这和人们常常用“不才”称自己是一样的。

③ 这个字读 fén，指的是一种也称作“白榆”的树。

④ 这是个多音字，读 chā 的时候，表示“差别、略微”等，如“差强人意”；读 chà 的时候，表示“欠缺、不好”等，如“差劲”；读 chāi 的时候，表示“派遣、选择”等，如“差遣”；读 cī 的时候，表示“限度、等级”等，如“参差不齐”。在这里是“选择”的意思。

再行一步

君王用“不谷”称呼自己，这应当是封建时代社会交往和社交礼制的一种需要。而“谷”在古代的确也存在着一种与人有关的含义，它具体指的是“未成年人”，大致相当于现在的“少年儿童”。例如《庄子·骈拇》：“臧与谷，二人相与牧羊而俱亡其羊。问臧奚事，则挟策读书；问谷奚事，则博塞以游。二人者，事业不同，其于亡羊均也。”

庄子这段话就是典故“臧谷亡羊”或者“臧谷失羊”的源头，其中的“臧”和“谷”，根据唐代文人杨倞⑤对《荀子·礼论》的注释，分别指的是“男性奴仆”和“男孩”。

这则故事的大致意思是一位成年男子和一个未成年人都给人家当羊倌儿，放羊的时候碰巧也都丢了羊，当被别人问起丢羊的原因时，成年男子说自己当时一门心思只顾看书，而少年则说自己当时心思都在玩下棋游戏上。

对于这两种情况，庄子的评论是：虽然原因有别，但是结果却没什么两样。

⑤ 这是个多音字，读jìng的时候，表示“强壮、强大”等；读 liàng 的时候，表示“远、索取”等。

谷

谷风安乐图
南宋
佚名

庄子的这种意识，实际上是一种不太关注动机、不很注重原因与过程，而只看重结果的处事观念。这种认识虽然略有实用主义嫌疑，但是它对纠正只会空喊口号、只会强调出发点的那种做事倾向，倒也具有比较重要的现实意义。

因为当今社会确实存在着那样一批人，他们由于心有所思、意有所图，于是就会对自己认为不重要的事情心不在焉，哪怕这样的事情本来就是他们的职责所在。尤其是当出现问题之后，他们的第一反应往往不是针对自身分析原因、解决问题，而是强调客观因素并掩饰自己的失误。具有这种倾向的人，的确应该好好读一读《庄子·骈拇》这篇短文了。

扫描收听有声版

粟

sù

粟

小篆

隶书

楷书

行书

“粟”这个字按照《甲骨文字典》字形是，表示农作物上面结了很多籽实的样子。到了小篆，字形变成了上下两个部分，上面是表示草木籽实下垂的卤[①]，也就是隶书里面又变成“西”的部分，下面是“米”；上下合在一起，最初指的是一种称作谷子的农作物。这种农作物的籽实去皮之后，就是现在我们称为小米的粮食了。例如五代十国时期，由后晋政权官修的《旧唐书·食货志》：“其粟麦粳[②]稻之属各依土地，贮之州县。”

“粟”由最初指一种具体的粮食作物，后来也逐渐发展出表示所有粮食作物的意思，例如秦朝丞相李斯的《谏逐客书》：“臣闻地广者粟多，国大者人众。”

① 这个字现在已经不用了。它在古代是个多音字，读 tiáo 的时候，表示草木果实下垂的样子；读 yǒu 的时候，与“卣”的读音与意思相同，指的是一种古代的酒器。

② 这个字读 jīng，指的是一种米粒黏性不太强的稻子，米粒一般短而粗，膨胀度有限，例如“粳米、粳稻”等。

食盈丰收图

明

文徵明

地广粟多，其实既是言说自然环境，也是表述民众的劳作成果。正像论述我们国家地大物博一样，这里面既有幅员辽阔的秀美山川，也有华夏儿女辛辛苦苦的劳动收获。

由于农事辛劳，所以我国自古就有珍惜粮食的传统，正所谓“谁知盘中餐，粒粒皆辛苦”。然而，曾几何时，粮食连年丰产、物质相对充裕之后，历史上也曾经出现过“粟陈贯朽”“贯朽粟红”这一类说法。例如《旧唐书·食货志》：“开皇之初，议者以比汉代文、景，有粟陈贯朽之积。”再比如《明史·海瑞传》引用海瑞的上疏所言：“然文帝能充其仁恕之性，节用爱人，使天下贯朽粟陈。”

从字面上看，“粟陈贯朽”“贯朽粟红”说的都是粮食储备太多，由于吃不完而导致变质；而且现金储备也太多，结果串钱的线绳都腐烂了。乍一看，这简直

采薇图（局部）
南宋
李唐

栗

就是败家子才能干出来的事情。但是，这些说法所表达的却并不是字面上的意思，而是实际上形容世道太平、物阜[3]民丰的情况。

当然，物质丰富，难免就会出现人心不古之徒，他们仗着手中有些银两，总是想方设法削尖了脑袋试图“钱权交易”，例如北宋官修史学巨著《册府元龟·邦计部·鬻[4]爵赎罪》：“秦汉以来，乃悬纳粟之令，开鬻爵之品，及晁错建议，并许赎罪。其初，或因岁之荐饥，兵之屡出，边陲馈运，国用虚乏，因立从权之制，以济一时之务。”[5]此外还有明代学者丘濬[6]《大学衍义补》：“秦汉以来有纳粟补官之令，然多为边计及岁荒尔，非以为己私也。”

这两段话实际上是给古代的卖官、买官制度做了个注脚，意思是卖官的目的是为了充实国库、接济饥荒，或者是

③ 这个字读 fù，原本指比较高大的土山，后来引申出“多、富足”等含义。

④ 这个字读 yù，意思是卖，例如“鬻画为生”。

⑤ 此段引文标点为本书作者所加。

⑥ 这个字是“浚”的异体字，读 jùn 的时候，表示疏通水道等；读 xùn 的时候，用于地名，如河南浚县。一般情况下，用于人名的时候是前一种读音。

雍正耕织图册　入仓
清
佚名

为了支援边防事务。其中“纳粟”指的就是以财物换取功名、官位。

但是，凡此种勾当，不论理由多么冠冕堂皇，客观上留给别有用心之人可乘之机的事实是掩盖不住的。

青釉堆塑谷仓罐（局部）
三国吴

青釉堆塑谷仓罐
三国吴

再行一步

《朱子家训》(又名《朱子治家格言》)作者,明代教育家朱柏庐曾说:“一粥一饭,当思来处不易;半丝半缕,恒念物力维艰。”

这是提醒世人珍惜日常所用的肺腑之言,相比那些整天幻想天上掉馅饼,却又丝毫不知节省用度的人,境界高出何止百倍。

然而,《淮南子·本经训》里面又确确实实写着:“昔者仓颉作书,而天雨[7]粟、鬼夜哭。”这又是怎么回事呢?难道古时候天上真的下过粮食雨吗?其实按照现代修辞学解释,所谓“天雨粟”只不过是写文章时用的一种夸张手法,意味着“仓颉作书”影响巨大,甚至都惊动了天地、吓哭了鬼神。

“仓颉造字”的确是一个非常美丽的传说,而且还流传着许多不同版本。另外,据说担任黄帝史官的仓颉,还天生四只眼睛。可见人们对这位传说中发明汉字的先人,心中充满了敬畏之情。然而,就像鲁迅先生在《门外文谈》里所说:“仓颉也不是一个,有的在刀柄上刻一点图,有的在门户上画一些画,心心相印,口口相传,文字就多起来了,史官一采集,就可以

⑦ 这个字在这里是“降下、落下”的意思,应该读作 yù。

敷衍记事了。中国文字的由来，恐怕逃不出这例子。”

此外，在我们今天看来不过是夸张手法的“天雨粟”一说，古代先贤们却也品出了其他意蕴。例如东汉学者高诱就曾经注解说：“苍[8]颉始视鸟迹之文造书契，则诈伪萌生，诈伪萌生则去本趋末、弃耕作之业而务锥刀之利。天知其将饿，故为雨粟。”这位先人一方面承认仓颉造字的历史，另一方面又说由于上天担忧如果人们都去从事造字事务而放弃了种田，显然世人将面临饥荒，所以就未雨绸缪降下了粮食。而且，与务农相比，高诱认为用锥刀一类模仿鸟兽踪迹刻画符号，这不过是一些雕虫小技，容易滋生诞妄倾向，从而导致舍本逐末。看来高氏骨子里还是笃信“民以食为天”这条最最根本的生存法则。

除了上述夸张用法，由于“天雨粟”也含有“不可能”这种寓意，所以在古代也被人们用来赌咒发誓。例如东汉王充《论衡·感虚》：“燕[9]太子丹朝于秦，不得去，从秦王求归。秦王执留之，与之誓曰：‘使日再中，天雨粟，令乌白头，马生角，厨门木象生肉足，乃得归。’”

很显然，让太阳一天两次正当空，让乌鸦变白头、马首长出角，这些都是和“天雨粟”一样子虚乌有的事。看来秦王嬴政是铁了心要留燕太子丹当人质了。

⑧ 古代文献中，“仓颉”“苍颉”都有用例。

⑨ 这是个多音字，读 yān 的时候，指的是古代一个诸侯国，后来也用作地名，例如河北北部的“燕山山脉”；读 yàn 的时候，指的是一种飞禽，如“雨燕”“燕雀焉知鸿鹄之志”。

扫描收听有声版

桃

táo

桃

小篆

隶书

楷书

行书

“桃”左边的“木”表示字的意思与树木有关，右边的“兆”表示字的读音；左右合在一起指的是一种落叶乔木，也指这种树木结的果实。例如《诗经·周南·桃夭》：“桃之夭夭，灼灼其华”；还有《诗经·大雅·抑》：“投我以桃，报之以李”。

桃树属于早春时节报春、迎春的树木，唐代诗人张志和的《渔歌子》就给我们描绘出一幅“西塞山前白鹭飞，桃花流水鳜[1]鱼肥”的景致。而东晋的陶渊明，虽然一生爱菊、种菊、赏菊，常常携酒一壶静观南山美景，然而他心中的理想国却有“桃花源”的美名。

春去夏来，每到仲夏时节，美味的

① 这个字读 guì，指的是一种淡水鱼。需要注意的是不宜写成“桂鱼”。

麻姑献寿图
明
张路

桃子就开始成熟。桃子的滋味曾征服多少老饕[②]挑剔的味蕾，因此才会出现“桃李不言，下自成蹊[③]”的景象。而且由于传说中王母娘娘的蟠桃园结的都是“长生果”，所以桃子也就有了“长寿”的寓意，随之还形成了用“寿桃”祝寿的风尚。

② 这个字读 tāo，意思是“贪食、贪财”，常用于“饕餮”。

③ 这是个多音字，读 qī 的时候，用于“蹊跷”，表示“奇怪、可疑”等；读 xī 的时候，指小路，如“蹊径”。

按照著者不详的志怪小说《汉武帝内传》以及明代王世贞编著的《宛委余编》等古代文献，据称有幸品尝过西王母蟠桃园仙果的人间幸运儿，一个是周穆王，另一个是汉武帝。而且据说汉武帝吃过神仙果之后珍藏的果核，到元朝时还留存在皇家内府，这几枚果核“长五寸，广四寸七分”，上面还刻有“西王母赐食武帝蟠桃于承华殿”字样。

传说只能是茶余饭后的谈资，而且功勋卓著的汉武帝刘彻逝世时也只是刚刚到古稀之年；周穆王姬满倒是长寿，

仿古图册 桃源图
清
王翚

据说撒手人寰的时候已逾期颐④之年。但是，这些传说却为中华传统文化丰富了祝寿的内涵。

④ 表示 100 岁。具体含义是人的年纪已经到了“需要别人奉养的时候”，“期”表示时间，“颐”表示“养”。

虽然汉武帝的桃核最终未见种成桃树，但是鲜桃与李子的美味使得这两种果树遍布人间，而且种植桃李的传统还催生了“桃李遍天下”的育人风尚。

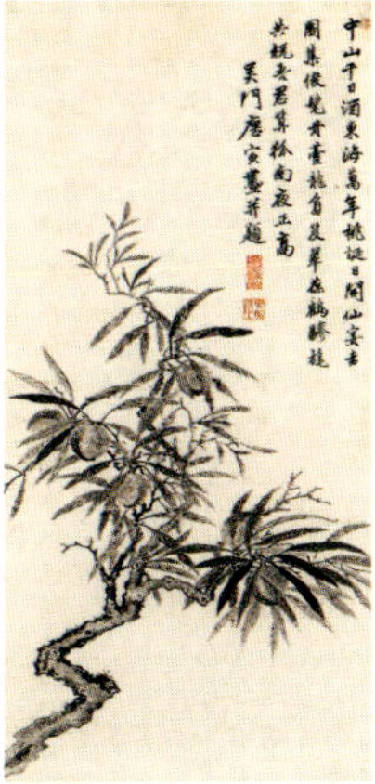

寿桃图
明
唐寅

据西汉韩婴所著《韩诗外传》记载，春秋时魏国一位官宦子质曾经与晋国的卿大夫赵简子有过一段对话，对话的大致意思是春季来临时种植桃李，到了秋天就会收获桃李；如果春天种植的是蒺藜，那么，收获季节也只能面对蒺藜了。这段对话的寓意是授徒和育人都与人的天性有关，门生们的资质会决定他们成为什么样的人。因此，“桃李”后来就产生了表示“学生”的含义。

如果每一位辛勤的园丁都能培育出质量上乘的“桃李”，这将是“百年树人”

桃

桃花鸳鸯图
南宋
佚名

大计的幸事。

寓意如此美好的桃子，由于其外表的美艳，自古也被附会了某些并不美好的意思。如果说“桃花运”尚且还含有一丝幸运的成分，那么，“桃花眼”“桃色新闻”等显然就是彻头彻尾的令人避之唯恐不及的祸患了。其实，祸不在桃，而在于美艳的天资如何装点人间，适度则美，过犹不及。

粉彩九桃瓶
清

再行一步

用桃树、桃果以及它们的仿制品美化环境历来是中国民间的一种传统。每到爆竹一声除旧岁的时候，喜气充盈的年画上就有形态各异的桃子映入人们的眼帘，而且，家家户户喜迎新春之时，总是要在门窗两旁张贴文辞隽美、寓意深远的春联。

据宋代张唐英编撰的《蜀梼杌[⑤]》记载，我国张贴春联的传统起源于五代十国时期后蜀末代君主孟昶[⑥]。据说孟昶于后蜀被大宋征服前一年的除夕，命“学士辛寅逊题桃符板于寝门”，但是阅后觉得辛氏所题文辞尚欠工整严谨，于是亲笔题写“新年纳余庆，嘉节号[⑦]长春”。

在这段史料中，春联是题写在“桃符板”上的，这就让我们想起了宋代王安石的名作《元日》：“爆竹声中一岁除，春风送暖入屠苏。千门万户曈[⑧]曈日，总把新桃换旧符。”诗中的“新桃”指的就是“桃符”。

在屋门上悬挂“桃符”，这是我国古代又一种民间风俗。据古代文献记载，这种习俗的来源还不止一种。

⑤“梼”读作 táo，“杌”读作 wù，“梼杌”指的是古代传说中的一种猛兽，借指凶恶的人。

⑥这个字读 chǎng，意思是“白天时间长”或者“畅通、舒畅”等。

⑦也有版本作“贺”。

⑧这个字读 tóng，“曈曈”的意思是“日出时光亮的样子”或“目光闪烁的样子”。

根据东汉应劭《风俗通义》、明代李时珍《本草纲目》引东汉卫宏《汉旧仪》等文献，传说远古时期在东海度朔山住着两位名叫“神荼[9]”和“郁垒”的神仙兄弟，山上还有一株荫盖数千里的神桃树。两位神仙的主要职责就是站在桃树上用苇编绳索捕捉恶鬼，然后将它们喂老虎。于是，后来黄帝就立桃板于门口，并在上面刻画两位神仙画像，用来驱除恶鬼。

而“桃”与镇鬼、辟邪的渊源在《礼记》《左传》等文献中也有记载。据说桃木柄笤帚、桃木弓等等都具有驱鬼作用。《淮南子·诠言训》还称：“羿死于桃棓[10]”，东汉高诱对“棓”的注释是：“棓，大杖，以桃木为之，以击杀羿，由是以来，鬼畏桃也。”

射日的后羿虽然是传统文化中的英雄，但是据传他死后却成了冥界鬼王，因此击杀他的桃杖就成了镇鬼、驱鬼的“灵丹妙药”。

由此可见，最初悬挂在门上的“桃符”是用来驱除恶鬼的，最终却阴错阳差地成了传统春联的源头。

汉画像石 神荼郁垒

⑨ 据古代文献，这里应读作 shēn shū。

⑩ 这是个多音字，读 bàng 的时候，与“棒”的意思相同；读 bèi 的时候，用于“五棓子”，意思与“五倍子”相同，指的是一种寄生虫在盐肤木叶片上形成的虫瘿。

扫描收听有声版

李

lǐ

李

“李”上边的“木”表示字的意思与树木有关，下边的“子”表示字的读音；上下合在一起指的是一种落叶乔木，也指这种树木结的果实。例如《诗经·小雅·南山有台》：“南山有杞，北山有李。”

按照李时珍在《本草纲目》中引宋代罗愿《尔雅翼》的说法：“李乃木之多子者，故字从木、子。”可是根据一般常识，挂果能力较强的果树绝不会只有李子树一种，那么，就像李时珍提出的疑问一样：“窃谓木之多子者多矣，何独李称木子耶？”

幸好，善于刨根问底的考据传统使得李时珍并没有停留在摆出问题上，峰回路转，他从《素问》中找到了答案，

小篆

隶书

楷书

行书

李

蓮花冠子道人衣日侍君王宴
紫微花柳不知人已去年年鬬綠
與爭緋
蜀後主每於宮中裹小巾命宮妓
衣道衣冠蓮花冠日尋花柳以
侍酣宴蜀之謠已溢耳矣而主之
不挹注之竟至濫觴俾後想搖
頭之令不無扼腕唐寅

孟蜀宫妓图
明
唐寅

他说：“李味酸属肝，东方之果也。则李于五果属木，故得专称尔。”也就是说，依照传统阴阳五行观念，以及五行与四方、与人体脏腑的对应关系，“李”与肝脏、与东方对应，而肝脏和东方恰恰属木。这就诠释了“李”字由“木”和“子”构成的缘由。由此可见，汉字之中传统文化无处不在。

古人咏“李”的诗文也不在少数，例如魏文帝曹丕写给三国时期文学家吴质的《与吴质书》：“浮甘瓜于清泉，沉朱李于寒水。”南北朝时期文人沈约也曾作《咏麦李》诗：“青玉冠西海，碧石弥外区……色润房陵缥[1]，味夺寒水朱。”

根据元末明初学者陶宗仪编纂的文言小说丛书《说郛[2]》引无名氏作《玄池说林》，古代的时候人们还认为：立夏时饮用李汁酒，可以使女性容颜美丽，于是就产生了“驻色酒”一说。

① 这是个多音字，读 piāo 的时候，用于“缥缈”，形容隐隐约约、若有若无；读 piǎo 的时候，表示“青白色的丝织品”或“青白色”。

② 这个字读 fú，古代指城池的外面围着的更大的城。

李

老子骑牛图
北宋
晁补之

李花白燕图
明
周之冕

另外，在现在河南、安徽的某些地区，人们把李子又称作“灰子”。这一方面是因为李子成熟之后表面确实覆盖着一层灰色物质；另一方面，据说这里面还蕴藏着一个古老的传说。

据说“灰子”这种名称源自安徽亳[3]州的地方话。传说中道家始祖老子是公神化气之后寄胎于玄妙王女儿理氏腹中，而理氏吃了一个上天降下的李子后，化而有身孕。因此，老子出世之后就以“李”为姓，名叫李耳，也称李子[4]。由于圣人名字属于民众的禁忌，所以水果“李子”从此就将自家名姓让位给老子，而自己则改称“灰子”了。

③ 这个字读 bó，一般用于地名。需要注意的是它与“毫”的字形的差异。

④ 这个“子”不能读成轻声。

再行一步

从这则传闻中，我们还能看到“理”与“李”似乎也存在着某些渊源，至少它们在古代或许存在着互通现象。

事实的确如此。我们现在常用的“行李”，其实最初用的正是“行理”，意思是受命出使的人，例如《左传·昭公十三年》：“行理之命，无月不至”，其中“行理”指的是周王朝派遣出使诸侯的使者。再如《国语·周语》：“敌国宾至，关尹以告，行理以节逆之。”其中“行理”大致是礼宾官的意思，“逆”则表示“迎接”。

而在《左传》等文献中，则已经出现“行李”代替“行理”的情况，例如《左传·僖公三十年》：“行李之往来，共其乏困。”这是郑国大臣烛之武奉郑文公之命前往围郑的秦国军营对秦穆公说的一番话。他对秦穆公晓以利害，劝其不要帮助晋国围攻郑国，而是和郑国修好，那么，郑国可以保证向秦国使者提供一切便利。

再往后，“行李”就逐渐发展出“出使、出行、旅行”以及“出行中所携带的行囊”等等含义。

此外，“李”姓最初也有一支源自“理”姓。而“理”姓的始祖则是舜帝时执掌刑狱、诉讼事务的司法始祖皋陶⑤。这一类官职在古代也称“理官”，例如《后汉书·陈宠传》：“及为理官，数议疑狱。”而且汉景帝等还曾经把秦代设立的理官“廷尉”改称“大理”，南北朝时期北齐政权更是把相应的官署也定为“大理寺”。

由于皋陶是“理官”，所以其后人就以他的官职为氏，开始姓“理”了。只是到了商纣王时，一位名叫理征的“理官”，也是皋陶的后裔，他因为正直敢言，结果得罪了纣王，最终引来杀身之祸。幸亏中国历史上从来不缺巧救忠良后人的桥段，他的妻子和幼子理利贞得以幸免。母子逃难途中，很多时候只能以树上的李子充饥，所以到后来，一是为了铭记李子的活命之恩，二来也是为了隐姓埋名躲避祸患，理利贞就把姓氏改成“李”了。

而且，皋陶的官职在一些古代文献中也写作“李”，例如《管子·法法》：“舜之有天下也，禹为司空，契⑥为司徒，皋陶为李，后稷为田，此四士者，天下之贤人也。”

⑤ 这个字在这里要读作 yáo。
⑥ 这里指的是殷商人的先祖，应当读作 xiè。

扫描收听有声版

某

mǒu

果

“某”的金文字形是，下面确定无疑是“木”；上面近似方框而且里面有一个小短横的形状，目前则存在着不同解读。一种意见认为这表示树上结的果实；另一种比较主流的意见则认为是表示口中有物，也就是“甘甜”的“甘”字。而不论哪种意见，对这个字最初的意思却没有异议，都认为它就是果实“梅子”最初的一种字形，指的就是“梅”。

认为“某”字古文字形上半部分表示果实的意见稍微有些牵强，因为用如此夸张的大小表示实际上个头并不大的梅子，难免欠缺足够的说服力。而认为上半部分表示“甘”的意见则显得能够自圆其说，例如《说文解字注》：“甘者，

小篆

隶书

楷书

行书

花果册 梅子
清
金农

某

酸之母也。凡食甘多易作酸味。”

段玉裁的说法代表了许多人的意见，这种考释充满智慧，结论也令人信服。因为根据现代科学观念，一些物质里面的糖分发酵[①]之后确实会生成酸味；而且我们平时也有摄入过多甜的东西之后胃里泛酸水的经验。

① 这个字读 jiào。

这就表明，具有“甘甜”特质的东西，的确容易形成“酸”的源头。而梅子自古就是酸味的一种标志，例如南北朝时期刘义庆《世说新语·假谲[②]》：“魏武行役，失汲道，军皆渴，乃令曰：‘前有大梅林，饶子，甘酸可以解渴。’士卒闻之，口皆出水，乘此得及前源。”

② 这个字读 jué，意思是欺诈。

曹操机智过人，小小一件“望梅止渴”故事也能令后人不禁击节，而且还极有可能引起读者和听众的唾液分泌。

据考证，古代表示梅子意思的还存在着其他几种字形，其中有一种是“楳[③]”，

③ 这个字读 méi。

倚云仙杏图
南宋
马远

比“某”多了左边的木字旁；还有一种是两个“呆”字并在一起的“槑[4]”。

[4] 这个字读 méi。

后面这个“槑”字非常有意思：第一，它应当是表示梅子的一种象形字，很形象地刻画出树上结了果实；第二，在计算机网络应用空前发展的今天，有些网友也用它表示“呆”的程度比较高。这种含有诙谑意味使用汉字的情况，也被用在了主营话梅等食品的店名中，这倒是给古老的汉字增添了几许清新的现代气息。

另外，“槑”字里面的“呆”在古代也可以表示梅子，例如《类篇》：“同槑省。”还有《本草纲目》：“梅乃杏类。故反杏为呆。”

按照《本草纲目》的说法，表示痴呆的“呆”显然与表示梅子的“呆”字形上有差别。事实的确如此，表示痴呆的“呆”字其实是表示保护的“保”字

蔬果图卷（局部）
清
顾洛

妃子浴儿图（局部）
南宋
佚名

最初的字形。这种字形中的“口”和下面的“十”合在一起原本表示襁褓中的婴儿形象，两边的“撇”和“捺”实际上表示人的手臂环绕，意思是用手臂揽护婴儿。而真正表示痴呆的“呆”字，其来源却是以前的另一种字形“獃”了。

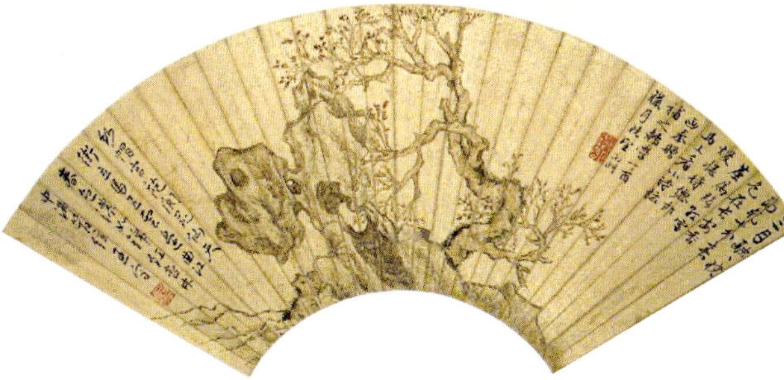

红杏湖石图
明
文徵明

再行一步

其实在古代，“某”表示“梅”的意思很快就停止使用了，它后来更多用来表示“不确定的人和事”，例如“某某人”“某年某月”等等。

但是，对于“某”的这种意思，不少传统工具书都认为最初字形应当用的是“厶”，例如《玉篇》：“音某。厶甲也。”《篇海》也说：“义同某。”

而在文献用例方面，陆游《老学庵笔记》中有：“今人书厶以为俗。”《穀梁传》里面则有：“二年，蔡侯郑伯会于邓。”东晋范宁给“邓”作注的时候说：“邓，厶地”；唐代经学家、训诂学家陆德明在《经典释文》中则进一步解释说：“不知其国，故云厶地。”

这些例子中的“厶”确实表示“某”这种意思，但是，这种用法实际上属于一种借用，而这个字本身的最初意思却是“私”。至于“私”这个字，本来意思却又指的是一种庄稼。当然，“私[⑤]”表示庄稼这种意思很可能起源于古代北方某个地区的地方话。

一环扣一环，一个线索接一个线索，许多汉字之间的关联

⑤“私”表示“庄稼”的意思例见《说文解字》：“北道名禾主人曰私主人”，以及《说文解字注》：“盖禾有名私者也”，“北道盖许时语。立乎南以言北之辞”。段玉裁的意思是说“北道”这种说法是许慎所处年代的语词，应当是立足于南部指称北方。

就是这么有意思。而“某”与“私”之间的关联或许还另有文章。

例如《论语·卫灵公》：“师冕见，及阶，子曰：‘阶也。’及席，子曰：‘席也。’皆坐，子告之曰：‘某在斯，某在斯。’”这段话写的是孔夫子接待一位盲人乐师的过程。在接待过程中，孔子很自然地用语言提示乐师台阶、座位的位置，而且告知对方“我坐在这里”，即“某在斯”。

再如《左传·定公十三年》：“吾私有讨于午也，二三子唯所欲立。”这句话的背景是春秋时期晋国卿大夫赵鞅（也称“赵简子”等）与其族叔赵午（也称“邯郸午”等）及其家族之间的一桩公案，此公案主要涉及对卫国进贡给晋国的五百户人家的辖制权。话是赵鞅对赵午的随从们说的，大致意思是：“我个人要惩罚赵午，你们众人回去后可以根据你们自己的意愿再立继承者。”

在以上两个例子中，“某”和“私”都有表示“自己”或“个人”这样的意思，而且直到今天，我们也常常用“张（说话的人姓张）某人”“私以为”等形式指称自己，表达自谦之意。因此，或许可以推断，“某”与“厶（私）”在古代出现的相通现象应当具有类似上述这种情况的互通基础，一般不太可能是无源之水、无本之木。

扫描收听有声版

梨

lí

梨

小篆

隶书

楷书

行书

“梨”下面的“木”表示字的意思与树木有关，上面的“利”表示字的读音；上下合在一起，《说文解字》和《说文解字注》说它最初指的是梨树的果实。但是，按照其他果树及其果实的命名原则，应当说“梨”最初表示梨树这种植物，同时也指梨树的果实大概更加合理一些。例如西汉辞赋家王褒《僮[①]约》：“植种桃李，梨柿柘桑，三丈一树，八尺为行。”

另外，对于《说文解字》把“梨”解释为“果名”，段玉裁认为这是浅陋之人传抄时出现的篡改，许慎的原文应该是“梨果”。而且段玉裁还进一步考释说，野生的梨应该写成左边是木字旁，右边是“离开”的“离”的那种字形“樆”，

① 这是个多音字，读 tóng 的时候，表示未成年的仆人；读 zhuàng 的时候，是壮族的“壮”以前的字形。《僮约》是王褒为一户人家调解主仆纠纷而立的契约，其中大多数内容都以辞赋形式写就，而且文中还有“鼻涕长一尺”这样的词句，令人捧腹。

矾红釉梨式执壶
明

让梨图
清
徐扬

只有人工种植的梨才写成现在这种样子。当然，现代“梨”的异体字“棃”反而是古代的正体字。

含有野生梨意思的“樆”字，根据《说文解字注》，以前也写成“分离”之“离”的繁体字形“離”。虽然“离”的简、繁字形最初表示神兽或禽鸟，但是很早就被借去表示“离散”意思了，例如《晋书·宣帝纪》：“司马公尸居余气，形神已离，不足虑矣。”这是曹魏政权权臣曹爽图谋篡位时，其心腹李胜假意探望司马懿之后回禀曹爽的话。其实这位莽夫还不知道这乃是权谋心计不知高出他多少倍的老司马假装健康状况堪忧的一种计谋。

再有，“梨”在古代也被借去表示“分割”的意思，与十分罕用的一个字“劙[2]”相通，例如《汉书·扬雄传》：“分梨单于，磔[3]裂属国。”

② 这个字读 lí，意义是“切割、划开”等。现在已经基本不用了。

③ 这个字读 zhé，最初指分割祭品的肢体，后来也指古代一种肢解肢体的酷刑。古时候它还是汉字的一种笔画名称，相当于现在的“捺”。

梨花鹦鹉图
五代
黄居寀（传）

蔬果图卷（局部）
清
顾洛

“梨”在古代或直接、或间接地被借去表示“分离、分割”的历史，以及它本身与“离”读音相同的因素，或许就是现在民间俗话说的不能同至亲好友分享梨的原因所在。

当然，除了这种略带消极色彩的含义，“梨”本身也有许多积极的寓意，例如唐代诗人岑参的《白雪歌送武判官归京》：“忽如一夜春风来，千树万树梨花开。”此外，“梨涡”这种说法虽然其来源难免带有风尘女子的印迹，但是后来却多用作形容人的美貌，令人好像目睹春风拂面、笑颜绽开的仪态。

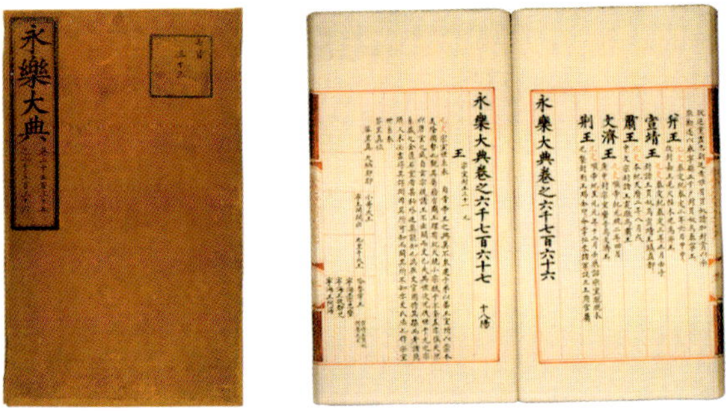

永乐大典
明

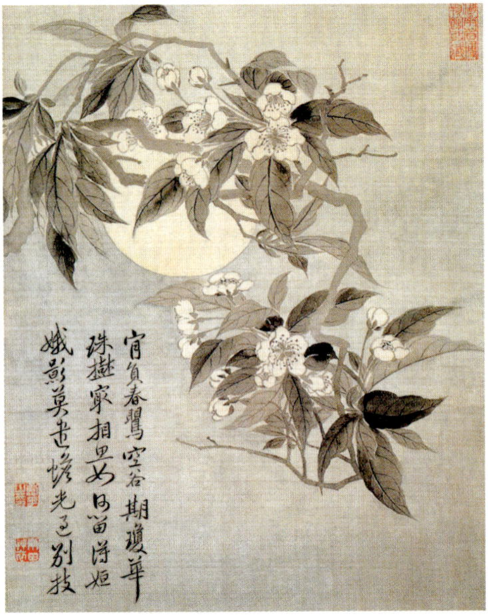

花卉图册 梨花
清
恽寿平

“梨枣”一说则更加意蕴悠远，发人思古之情。例如纪晓岚弟子盛时彦为《阅微草堂笔记》所作序言：“而先生之书，则梨枣屡镌，久而不厌。”此外还有明代沈德符在《万历野获编》中言说《永乐大典》：“若付梨枣，更岂易言？”

这两个例子中，“梨枣”的意思均与现在比较常用的“付梓”相同。因为根据材质特性，梨木、枣木与“梓木”一样都是古代雕版印刷的良材，所以“梨枣”也具有“刊印、出版”等等寓意。

黄花梨六方扶手椅

明

再行一步

“梨枣”是传承文化的媒介，同样，现在我们常说的“梨园”也是传承文化的舞台和园地。

“梨园”在古代原本指戏曲班子，后来则表示戏班、剧团、戏院、剧场以及戏曲界等，例如唐代诗人元稹[④]《代曲江老人百韵》：“梨园明月夜，花萼艳阳晨。”

“梨园”一说源自唐玄宗时期。宋代宋祁、欧阳修等编撰的《新唐书·礼乐志》记载：“玄宗既知音律，又酷爱法曲，选坐部伎子弟三百，教于梨园，声有误者，帝必觉而正之，号‘皇帝梨园弟子’。宫女数百，亦为梨园弟子，居宜春北院。梨园法部，更置小部音声三十余人。”

看来唐玄宗李隆基是通音律之人，只是唐朝本来已经在太常寺设立太乐署和鼓吹署主管宫廷雅乐、军乐等正式场合演奏的礼仪音乐，另外还有主要服务于宫廷娱乐并以女性音乐人为主的内教坊。那么，唐玄宗所建立的梨园必然要有自身的特色。这种特色主要是梨园以源于隋朝的“法曲”为主，例如白居易《江

④ 这个字读zhěn，本来意思是禾草丛生。

南遇天宝乐叟》："能弹琵琶和法曲，多在华清随至尊。"显然，唐明皇就是到了华清宫，也要带着工于法曲的音乐人。

而法曲这种音乐形式，主要特点是充分吸收并融合了佛教以及西域其他民族的音乐，例如元稹《和李校书新题乐府十二首·立部伎》："宋沇[5]尝传天宝季，法曲胡音忽相和。"

"梨园"这种说法则确实与梨树有关。根据清代著名经学家、藏书家孙星衍《吴郡老郎神庙之记》有关内容，唐玄宗曾经很赏识一名擅长《霓裳羽衣曲》的音乐人，因此还额外赐了皇家姓氏给此人。而此人因为极其喜欢吃梨，所以就在唐玄宗提供的教习音乐的园子里遍植梨树，于是就形成了教习音乐的"梨园"。

当然，也有人考证说，唐朝皇家禁苑中本来就有枣、桑、桃、樱桃和梨等果木园，只是唐玄宗恰好选择了梨园做教习乐舞的场所，所以就使得"梨园"成为我国历史上第一座集音乐、舞蹈、戏曲为一身的综合性"艺术学府"，而且还对我国戏曲艺术和戏曲界产生了广泛而深远的影响。

⑤ 这个字读 yǎn，是我国古代一条河流的名称。宋沇是唐朝名相宋璟的孙子，大概遗传了祖父的音乐细胞，所以他精通音乐，在唐德宗时曾在主管宫廷音乐事务的太常寺担任太常丞。

扫描收听有声版

荔枝

lìzhī

荔枝

提起“荔枝”，相信每个人眼前仿佛都会出现那种诱人的果实，而且脑子里也会闪现出许多精美的诗文和令人印象深刻的故事。

“荔”这个字上面的“艹”表明了它的身份一定与草木有关；下面由三个“力”构成的“劦[1]”字表示它的读音。它最初有两种意思。

第一种意思指的是一种多年生草本植物，其须根长而坚硬，可以制成刷子。这种植物又称荔挺、马薤[2]、马蔺、马荔、荔实、马帚等，例如《吕氏春秋·仲冬纪》：“芸始生，荔挺出，蚯蚓结，麋角解，水泉动。”这几句话描述的是当冬季过到一半的时候，一些植物、动物以及冰

小篆

隶书

楷书

行书

① 这是个多音字，读 liè 的时候，表示“不停地用力”；读 xié 的时候，表示“合力、协调”等。在这里宜读后一种读音。

② 这个字读 xiè，指的是一种多年生草本植物及其鳞茎。其鳞茎可以做蔬菜，也称“藠（jiào）头”。

荔枝图
清
吴俊卿

荔枝伯劳图
南宋
佚名

封的泉水正要从冬眠状态睁开惺忪睡眼的情形。

“荔”的第二种意思指的就是荔枝树及其果实。这是一种主要分布在我国南方的常绿乔木，成年之后树高可达10米，果实味美，品种很多，可是花朵较小，而且没有花瓣。我国台湾著名作家林清玄曾在《法圆师妹》中写道：“每个人的命运其实和荔枝花一样，有些人天生就没有花瓣的，只是默默地开花，默默地结果。”可见荔枝这种植物与黍子一类扬花过程不太显眼的谷物，倒还真是有些相似呢。

但是，花的渺小却丝毫掩盖不了荔枝果实的抢眼和滋味的诱人，这种果壳红绿咸宜、果肉饱满晶莹的果中尤物，吸引了多少人的视线，征服了多少人的味蕾。例如清代著有《荔庄诗钞》的福建人廖必琦就曾经这样赞美家乡的荔枝：

犀角镂雕荷花荔枝纹杯
清

啖荔图

清

华嵒

青花荔枝纹如意耳扁壶

清

"谁把芳名挂齿牙，方红陈紫总堪夸。林间玉酝滋甘露，尘外仙罗散彩霞。"

唐代大诗人白居易更是在《荔枝图序》中说："树形团团如帷盖。叶如桂，冬青；华如橘，春荣；实如丹，夏熟。朵如葡萄，核如枇杷，壳如红缯[3]，膜如紫绡[4]，瓤肉莹白如冰雪，浆液甘酸如醴[5]酪。大略如彼，其实过之。若离本枝，一日而色变，二日而香变，三日而味变，四五日外，色香味尽去矣。"

虽然诗人自谦地说描述如此妙物实在难以尽意，但是他的如椽大笔精当而富有韵味，笔下荔枝已经跳动出生命的乐舞。而且，推波助澜的还有宋代大文豪苏东坡。他在被贬岭南期间，第一次品尝荔枝之后曾作《惠州一绝》："罗浮山下四时春，卢橘杨梅次第新。日啖[6]荔枝三百颗，不辞长作岭南人。"逆境中不忘感受生活的美，抛却烦恼，乐不

③ 这个字读 zēng，是我国古代对丝织品的一种统称。

④ 这个字读 xiāo，指的是生丝或生丝织成的丝织品。

⑤ 这个字读 lǐ，指的是一种甜酒或味道甘甜的泉水。

⑥ 这个字读 dàn，意思是吃或者给别人吃，也表示用利益引诱人，如"啖以重利"。

杨贵妃上马图（局部）
元
钱选

荔枝

驿使图
魏晋南北朝

思蜀，这也是智者的豁达与悟性。

然而，或许由于白居易大作的盛名与流传的广泛，无意中却也使人形成了荔枝味美却娇贵不耐储存的印象，而且，晚年沉溺于享乐的唐明皇还给荔枝的这种娇贵增添了另一种印记。

荔枝
清
居巢

再行一步

谈到唐明皇与荔枝，唐代诗人杜牧的《过华清宫》立刻就会出现在我们的脑海中："长安回望绣成堆，山顶千门次第开。一骑红尘妃子笑，无人知是荔枝来。"

在长安城远望骊山，宛如一堆堆锦绣，华清宫这般辉煌，一如杜牧的《阿房宫赋》："蜀山兀，阿房出。"然而，万人之上的李隆基觉得如此豪奢的美景看久了也不过是等闲之物，所以为了让娇宠的杨玉环体验体验尝鲜的滋味，他不惜动用承担国事重任的驿站与驿道，千里飞骑，只为运来新鲜荔枝满足美人的口腹之欲。

"一骑红尘"，这诗一般的意境却是当年多少人马用生命凝聚而成，正像诗圣杜甫后来在《病橘》中所言："忆昔南海使，奔腾献荔支⑦。百马死山谷，到今耆⑧旧悲。"

对于这段历史，《新唐书·礼乐志》里面也有记载："帝幸骊山，杨贵妃生日，命小部张乐长生殿，因奏新曲，未有名，会南方进荔枝，因名曰《荔枝香》。"这一段话，一方面又一

⑦"支"同"枝"。
⑧这个字读 qí，表示六十岁以上年纪。

次证实了唐玄宗时从南方运荔枝到华清宫的史实；另一方面，也记述了李隆基常常携“梨园弟子”到华清宫设宴享乐的情形，而且还留下了名为《荔枝香》的乐曲。

据史料记载，产生于唐时梨园的乐曲中不乏流传甚广的佳作，如《雨霖铃》《紫微八卦舞曲》《霓裳羽衣舞曲》等；而为这类乐曲填词或者为梨园编写节目的也不乏当时的文坛巨擘，如李白、贺知章等。可见盛唐的文学艺术创作也不可避免地留有御制、御用的影子。

一向追求享乐的宋徽宗赵佶[9]，对于皇室如何享用荔枝还有些独到的见解，例如《宣和殿荔枝》：“密移造化出闽山，禁御新栽荔枝丹……何必红尘飞一骑，芬芳数本座中看。”这位的做法是连荔枝树都连根端到皇宫里去了，确实是省却了每年荔枝成熟时节的兴师动众，但令人好奇的是，不知当年是否发生过“南橘北枳[10]”的情况？

⑨ 这个字读 jí，意思是“健壮”，也用于“佶屈聱牙”。

⑩ 这个字读 zhǐ，指的是一种落叶灌木或小乔木，也称“枸（gōu）橘”。“南橘北枳”的故事见西汉经学家刘向整理的《晏子春秋》。

扫描收听有声版

樱桃

yīngtao

樱桃

“樱桃”的“桃”字在这里没有什么实质性的含义，与水果“桃子”的意思更是没有什么关联，所以我们就从“樱”字说起吧。

“樱”左边的木字旁表明字的意思与树木有关，右边的“婴”表示字的读音；左右合在一起最初指的就是果实“樱桃”。例如西晋左思《蜀都赋》：“朱樱春熟，素柰[1]夏成。”

按照现代一般工具书的解释，“樱桃”应当既指樱桃树这种植物，也指它的果实。还有，《说文解字》对“樱”的解释是“果也”，而《康熙字典》引《说文解字》的解释却是“果名，樱桃也”，这表明文字流传过程中一定有哪个环节

小篆

隶书

楷书

行书

① 这个字读 nài，古书上指一种现在也称作“花红、沙果、林檎”的水果。“素”在这里表示“白”。

蔬果图(局部)
清
顾洛

樱桃

黄鹂垂柳图
清
华嵒

出现了问题。

另外，“樱”字为什么会写成这种字形，为什么会形成这种读音，古代文献中也存在着一些有趣的解释。

例如原书已经亡佚，而内容散见于其他经典的汉代药学著作《名医别录》中就有：“盖似桃而小，故曰婴也”，也就是说樱桃是因为与桃子相似而果实个儿小，所以就用了“婴儿”的“婴”来表示“小”。而且在汉代的瓦当上面还能见到把樱桃的“樱”直接写成婴儿的“婴”这种情况。

而“樱”的读音则和一种飞禽有很大关系。这种鸟就是“两个黄鹂鸣翠柳”“草长莺飞二月天”中那种既叫“莺”也叫“黄鹂”的鸟。

据说黄莺喜食樱桃，口中常常含着樱桃飞来飞去，于是，“樱桃”也就有了另外两种名称：含桃和莺桃。按照这

仙萼长春图 樱桃
清
郎世宁

样的意见，跟黄莺鸟相关的这种果实，因为最初是用黄莺鸟的名称而命名，所以到后来想要改成与植物有关的字形时，那么，自然就会用读音与“莺”相同或相近的字了。这就是为什么现在所用的“樱”是由木字旁和婴儿的“婴”构成的原因了。

东汉刘熙的《释名》和明代李时珍的《本草纲目》中，都记载着由于樱桃是黄莺常吃的一种果实，所以有被称为“莺[②]桃”的历史。

此外，秦代无名氏所作《郊庙歌辞·五郊乐章·肃和[③]》中有诗句云：“木槿初荣，含桃可荐。”意思是木槿花刚刚绽开笑脸，成熟的樱桃已经可以充当供品了。“推荐”的“荐”在这里是“陈列供品祭祀”的意思。

② 这些文献中使用的是“莺”在古代的一种异体字形“鸎”。

③ 唐代魏征以及无名氏也曾作同名古诗，跟这首并不是一回事。

再行一步

樱桃在木槿花初开的时候成熟，显然这是一年四季大自然最早结出的果实之一了。因此，《礼记·月令》等文献中都说“樱桃”是“羞以先荐”，意思是樱桃是一年之中最早用于祭祀的果品了。这里的“羞”不是娇羞的“羞”，而是表示美食的“馐”，例如李白《行路难》：“金樽清酒斗十千，玉盘珍羞直④万钱。”

在古代，樱桃成熟时节不仅是开展祭祀活动的时候，而且刚好也是科举进士放榜之际，所以历史上就出现了“樱桃宴”这样的说法。

“樱桃宴”始于唐代，指的是新科进士用包括樱桃在内的美食宴请宾客。这种风尚一直延续到明清时期，例如清代龚自珍《点绛唇·补记四月之游》：“典却珠钗，高楼特启樱桃宴。”

按照封建时代有关读书的理念，所谓“书中自有黄金屋……书中自有颜如玉⑤”，显然，读书的目的既有让自己富贵荣华，也有娶娇妻貌美如花。而在封建时代，“樱桃小口”大概是形容女子容颜秀美的一个显著标志，例如《封神演义》：“只见

④“直”在这里表示“值”的意思。

⑤语出宋代赵恒《励学篇》。

此女肌如瑞雪，脸似朝霞，海棠丰韵，樱桃小口。”

“樱桃小口”这种说法据说源自唐代大诗人白居易，例如唐代孟棨[⑥]《本事诗·事感》：“白尚书姬人樊素善歌，妓人小蛮善舞，尝为诗曰：‘樱桃樊素口，杨柳小蛮腰。’”而且根据其他文献记载，白居易十分宠爱“樊素”“小蛮”这两位女艺人，描写她们或者写给她们的诗作还有若干首。此外，根据白居易的诗作，大概在他年过六旬而且病魔缠身的时候，他应当是忍痛遣散了本来养在府中的这两位女艺人，算是让她们趁着青春尚在、年华尚好时，抓紧时间去谋一生的幸福了。

关于“樱”，白居易还写过一首《酬韩侍郎张博士雨后游曲江见寄》，诗中说：“小园新种红樱树，闲绕花行便当游。”诗中提到的“红樱”，其实就是现在称作“樱花”的植物。

樱花是古代原产我国喜马拉雅山区的一种植物，品种很多，颇具观赏性，后来才传播到世界其他地区，并且还成为日本的国花。“樱”在日本字中的字形是“桜”。

⑥ 这个字读 qǐ，指古代一种木制符信，用来表明持有者的身份。大致相当于现在的工作证或通行证。

图书在版编目（CIP）数据

花草字传．硕果累累／张一清著．—济南：山东友谊出版社，2016.7

ISBN 978-7-5516-1071-1

Ⅰ．①花… Ⅱ．①张… Ⅲ．①汉字—通俗读物 Ⅳ．①H12-49

中国版本图书馆 CIP 数据核字（2016）第 163189 号

策划编辑：姜海涛
特约策划：龙朝朝
内文插画：田坤工作室
责任编辑：张亚欣
装帧设计：姜海涛
排版制作：安树仁

主管单位：山东出版传媒股份有限公司
出版发行：山东友谊出版社
地　　址：济南市英雄山路 189 号　邮政编码：250002
电　　话：出版管理部（0531）82098756
　　　　　市场营销部（0531）82098035（传真）
印　　刷：山东临沂新华印刷物流集团
版　　次：2016 年 8 月第 1 版
印　　次：2017 年 1 月第 2 次印刷
规　　格：135mm × 185mm
印　　张：5.125
字　　数：85 千字
定　　价：36.00 元